原爆被災地跡に平和を学ぶ
Visions of Peace in the Atomic Wasteland

最後の被爆地として

1945(昭和20)年8月9日午前11時2分。長崎は、この日、この時間を、永遠に忘れることはない。原子爆弾という人類史上最も愚かな殺りく兵器が、長崎の地に投下された時間である。長崎の町は一瞬のうちに廃墟と化し、七万余の市民が犠牲となった。しかし、長崎市民は悲しみの中から立ち上がり、浦上天主堂など多くの建物が再建された。この小冊子は、いまの長崎の町から消えかかっている原爆被災地としてのツメ跡を記憶に残そうとする人々のためのハンドブックである。

原子爆弾攻撃による都市災害
- ■都市消滅のメカニズム〈監修／岡林隆敏(長崎大学教授)〉 02
- ■長崎原爆の被害状況 04

レンズがとらえた「ATOMIC FIELD」
- ■被災地の惨状の写真 06

原爆中心地・平和公園全景 10

グラウンド・ゼロはいま不戦の聖地
- ■原爆落下中心地(グラウンド・ゼロ) 12
- ■長崎原爆資料館 14
- ■国立長崎原爆死没者追悼平和祈念館 15
- ■平和公園・世界平和シンボルゾーン 16

浦上天主堂の悲劇とキリシタン物語
- ■被爆直後、天主堂は廃墟と化した 18
- ■惨劇を物語る三つの聖母像と遺構 18
- ■天主堂の変遷(旧／被爆直後／新) 20

- ■浦上キリシタン年表 21
- ■現在の浦上天主堂 22
- ■[コラム]天主堂廃墟はなぜ壊されたのか？ 22
- ■『長崎の鐘』秘話、「聖夜に響くアンゼラスの鐘」 23

8月9日、被爆遺構にあの日を訪ねて…
- ■永井隆と如己堂／長崎市永井隆記念館 24
- ■山里国民学校跡(山里小学校) 26
- ■城山国民学校跡(城山小学校) 27
- ■長崎医科大跡(長崎大学医学部) 28
- ■山王神社の二の鳥居／大クス 30
- ■被爆仏像／坂本国際墓地／聖徳寺下の原爆柳 31

平和を祈り見つめる創作
- ■原爆を伝え残す小説、詩歌、版画、彫刻 32
- ■平和への新たな波動 34
- ■平和・原爆に関するサイト一覧、関連リンク集 36
- ■長崎 石の記憶〈撮影／マッシモ・ベルサーニ〉 37

原子爆弾攻撃による都市災害

1945年8月9日11時2分、その爆弾は長崎に投下された。

監修：岡林 隆敏
（長崎大学 工学部教授）

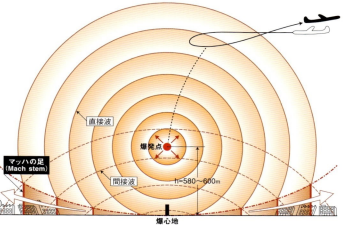

原子爆弾が爆発すると、中心部の空気が瞬間的に熱せられて激しく膨張を始め、周辺の空気を押しのけるために高速の空気の流れ、爆風が発生する。空気は音速より速く進むことができないので、高速で拡がる空気の流れの先端では、空気が押しつぶされて空気の壁（衝撃波）となる。衝撃波は爆発点を中心に球状に拡がり（直接波：実線）地面の接すると、反射して反射波（破線）を形成する。反射波は直接波に追いつき、2つ衝撃波が合体して2倍の圧力を持つ衝撃波の壁、マッハの足（Mach stem）を形成する。マッハの足によって構造物を破壊するメカニズムが、原爆の爆風により構造物を破壊する原理である。

都市消滅のメカニズム

破壊力のメカニズムは計算されつくした

最も効果的な爆発高度を580～600メートルと設定した

ウランやプルトニウムといった元素に中性子を衝突させると、原子核が分裂して核分裂エネルギーを放出する。核分裂と同時に中性子が飛び出し、これがさらに元素を分裂させ、ねずみ算式に連続して核分裂を起こすことにより、巨大なエネルギー（熱線、爆風、放射能）が出る仕組みを兵器に利用したのが原子爆弾である。

米軍は、原爆を地上何メートルの地点で爆発させると、最大の圧力が発生し耐震設計された日本の建築物をできるだけ多く壊すことができるかということを、理論と実験で検証していた。低い高度で爆発させると、地表面にクレーターを造り、破壊エネルギーが消費され破壊は狭い範囲に限定される。高い高度で爆発させると、広い範囲の木造の建物を多く破壊することはできるが、鉄筋コンクリートの重要な建物は壊れない。破壊する建物が決まると、目標の建物を含む最も広い面積の範囲を効果的に破壊するための、最適高度を決定することができる。その結果、最も効果的な爆発高度を580～600メートルと設定した。米軍の爆撃機は爆発による衝撃波が二度来ることをあらかじめ予想し、衝撃波を回避する飛行訓練を行い、広島・長崎の原爆投下に臨んだのである。爆風は爆心地近くのあらゆるものを破壊し、10秒後には約3.7キロメートル、30秒後には約11キロメートルに達した。

「長崎市北部上空から爆心地方面を望む」中央手前長方形の区画は浦上刑務支所（現在の平和公園内）その奥の道路と川に区切られた三角地帯は爆心地。（H・J・ピーターソン氏撮影／長崎原爆資料館 所蔵）

原爆投下の目的は「都市を消滅させること」

病院、医療システム機能すべてを失う

原爆使用の目的は、人間も含めて都市全体を消滅させることにあった。つまり、「都市の消滅」が原爆のキーワードである。従来型の高性能爆弾は、建物を壊すことが主な目的だったが、原爆は都市全体を破壊するために開発された。戦略爆撃の目的は人間の殺傷とともに、都市機能に攻撃を加えることである。多くの市民が殺傷され、産業は破壊され、生き残った市民の労働意欲も戦闘意欲も消失する。負傷者を治療する病院の建物・医療システムも破壊される。

負傷者の治療方法をなくした状態で、死者を次々に発生させるところが、原爆の最も残酷な兵器である点だといえる。長崎では7万人余りの死者が発生した。一発の爆弾により都市機能すべてを破壊する、効果的な戦略爆弾の兵器として原爆は開発されたものである。

「浜口町から長崎医科大附属医院を望む」建物群は長崎医科大附属医院（現在の長崎大学医学部附属病院）。付近一帯の建物は爆風と熱線により全壊・全焼した。〈H・J・ピーターソン氏撮影／長崎原爆資料館 所蔵〉

建物の被害と被爆遺構の保存

現実性のある被害情報を伝え残すもの

原爆による建物破壊の状況について見てみよう。日本家屋を中心とした木造建築は、爆心地周辺2キロメートルにわたり全壊全焼した。工場建築のような鉄筋スレートの場合、爆風が到達するとスレートが割れて、建物の内外の気圧が同じになるために、鉄骨部分の被害は少ない。しかし、屋根や壁面がトタンで覆われている場合、建物内部より外部の圧力が高くなるために、建物全体に風圧と圧力が作用し、建物は倒壊する。

鉄筋コンクリートの建物で、窓などの開口部が小さい場合、周囲の圧力で押しつぶされる。窓の大きい建物は、窓から爆風が吹き込み、爆心に近い建物では強烈な爆風により建物が変形させられる。地下室は、一般的に開口部が少ないので、地下に向けて床が押しつぶされた。コンクリート製煙突は、周囲からの圧力に強く、爆風の通過する時間が短いので、倒壊せずに残った。全壊した建物の中で、煙突が残される光景が、原爆災害の特徴である。

その後の原子野の復興により、現在ではすさまじい破壊の痕跡を、写真でしか見ることができなくなった。原爆災害を現実感をもって感じるためには、原爆の遺構が必要である。倒壊した浦上天主堂の鐘楼、一本柱鳥居、長崎医科大学門柱など、原爆の爆風の威力を現在まで伝えている。原爆遺構は、写真から伝えられる被災情報と違った現実性のある情報を、構造物が残っている限り語り続ける。

「破壊された浦上天主堂」浦上天主堂を北側より眺めたもの。中央に転がる鐘楼ドームは、天主堂の左塔のもので、爆風により北側を流れる川に落下した。〈H・J・ピーターソン氏撮影／長崎原爆資料館 所蔵〉

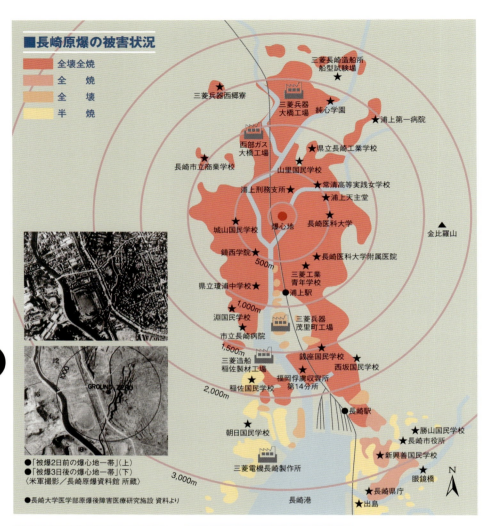

■長崎原爆の被害状況
- 全壊全焼
- 全焼
- 全壊
- 半焼

●「被爆2日前の爆心地一帯」（上）
●「被爆3日後の爆心地一帯」（下）
〈米軍撮影／長崎原爆資料館 所蔵〉

●長崎大学医学部原爆後障害医療研究施設 資料より

「爆死した馬」爆心地付近を南向かって通行中被爆した荷車。爆風で馬の向きが変わっている。このような馬の死骸はあちこちで見られた。〈山端庸介氏撮影、1945.08.10、長崎市にて〉

被害データ （1950年 長崎市 原爆資料保存委員会調査による）

- ●死者／73,884人（65％は老人、子ども、女性）
- ●負傷者／74,909人
- ●被害を受けた人／
  120,820人（半径4km以内の全焼、全壊の世帯人数）
- ●被害を受けた戸数／
  18,409戸（半径4km以内の全戸数、市内戸数の約36％）
- ●全焼／11,574戸（半径4km以内、市内の約1/3）
- ●全壊／1,326戸（半径1km以内を全壊とみなしたもの）
- ●半壊／5,509戸（半径4km以内を半壊とみなしたもの）

長崎游学マップ❶

4

Nagasaki Heritage Guide Map

爆風による建物被害状況

◎500m圏内
- ●民家全滅／コンクリート道路亀裂(1*)
- ●鉄筋コンクリート3階建（城山国民学校）全壊は免れたが一部地階まで崩壊(1*)
- ●強い鉄骨建造物総潰れ、屋根・囲壁なくなる(2*)
- ●家屋、原形をとどめないまで破壊(2*)
- ●鉄筋コンクリートの建物はところどころに残ったが、潰れたり大きく変形した(3*)
- ●電車鉄橋、橋全体が大きく崩れる(4*)

「残骸と化した城山国民学校」爆心地より西約500m。〈米軍撮影／長崎原爆資料館 所蔵〉

◎1000m圏内
- ●木造家屋崩壊／ガスタンク大破、鉄骨は飴のように曲がる(1*)
- ●鉄筋コンクリート大きく損傷(1*)
- ●鉄筋コンクリート耐震設計のもの以外、建物はほとんど完全破壊(2*)
- ●家屋、原形をとどめないまで破壊(2*)
- ●鉄筋コンクリートの建物はところどころに残ったが、潰れたり大きく変形した(3*)
- ●750m付近までは鉄筋コンクリート建物大破、一部崩壊(5*)
- ●1000m付近では鉄筋コンクリート建物の爆心地側壁面破壊(5*)

「崩壊した鎮西学院中学校」爆心地より南約500m。〈小川虎彦氏撮影／長崎原爆資料館 所蔵〉

◎1500m圏内
- ●鉄柱、鉄枠倒壊／鉄骨は傾斜／木造家屋崩壊(1*)
- ●厚さ20cmの鉄筋コンクリート煙突倒壊／30cmのレンガ壁大ひび(2*)
- ●家屋、継手破壊で全壊だが、細部はそのまま残る(2*)

「爆風で押しつぶされた西部ガス大橋工場ガスタンク」爆心地より北約800m。〈小川虎彦氏撮影／長崎原爆資料館 所蔵〉

◎2000m圏内
- ●神社社殿崩壊／鉄筋コンクリート校舎窓枠屈曲(1*)
- ●鉄筋、鉄骨造りの建物変形、瓦解(1*)
- ●2階以上のレンガ建全壊、大破／すべての建物大破、修理不能(2*)
- ●家屋、継手破壊で全壊だが、細部はそのまま残る(2*)
- ●2000m付近では鉄筋コンクリート建物の爆心地側の窓枠破壊(5*)

「三菱兵器製作所大橋工場」爆心地より北約1.3km。〈H・J・ピーターソン氏撮影／長崎原爆資料館所蔵〉

*1)『被爆建造物等の記録』（長崎市）、2)『広島・長崎の原爆災害 長崎市・広島市原爆災害誌編集委員会編』第3章（岩波書店）、3)長崎原爆資料館ガイドブック（長崎市）、4)長崎原爆資料館 資料館見学・被爆地めぐり「平和学習」の手引書（ピース・ウイング長崎〈財〉長崎平和推進協会）、5)『長崎事典 風俗文化編』（長崎文献社）

「三菱長崎造船所幸町工場」爆心地より南約1.7km。〈小川虎彦氏撮影／長崎原爆資料館所蔵〉

爆風圧と爆風による建物被害（城山国民学校の場合）

原子爆弾の全エネルギーの約50％が爆風によるエネルギーになるといわれる。この爆風により広い範囲で建物は壊滅的な打撃を受け、破壊された。爆心地から約500メートルの距離にあった城山国民学校の校舎2を南側面から見た場合、爆風圧は斜め上空から作用した。

校舎の鉄筋コンクリートの屋根は、爆風圧により下に押し曲げられ、次に窓を吹き飛ばして侵入した爆風によって押し上げられ、その後崩壊した。

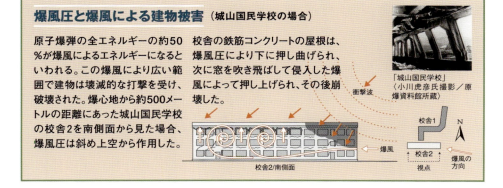

「城山国民学校」〈小川虎彦氏撮影／原爆資料館所蔵〉

原爆被災地跡に平和を学ぶ

5

原子爆弾攻撃による都市災害

レンズがとらえた「ATOMIC FIELD」

被爆地の惨状を永遠の
記憶にとどめた幾枚もの写真。
撮影者のレンズは、地獄図と化した
廃墟の現実を直視した。

※写真は「松山橋のたもと付近から爆心地を見る」〈H・J・ピーターソン氏撮影／長崎原爆資料館 所蔵〉

H・J・ピーターソン

1945年10月から11月にかけ、米国戦略爆撃調査団の一員として長崎に入った元米海軍写真班。爆心地付近や捕虜収容所があった旧香焼島を空撮した。

● 写真右「三ツ山上空から稲佐山方面を望む」右手前は浦上天主堂。その奥の道路の交差する付近が爆心地。中央手前が長崎医科大（現在の長崎大学医学部）、その奥が長崎医科大附属医院（現在の長崎大学医学部附属病院）。中央を流れる浦上川に沿って三菱製鋼所（現在の長崎新聞社付近一帯）、その他の工場群が続く。中央に横たわる山が稲佐山連山。はるか沖合いに伊王島・高島・香焼島（現在の香焼町）が見える。〈長崎原爆資料館 所蔵〉

● 写真下左「松山町交差点」横断する道路は県道（現在の国道206号）。道路脇の電柱には「ATOMIC・FIELD」の標識が見られる。簡易飛行場を意味するというが、まさに「原子野」と化した焼土への皮肉とも見える。〈長崎原爆資料館 所蔵〉

● 写真下右「浜口町交差点一帯」中央を斜めに走る道路は県道（現在の国道206号）。煙突群は三菱長崎製鋼所のものである。〈長崎原爆資料館 所蔵〉

小川 虎彦（おがわ　とらひこ）

小川虎彦氏は被爆当時、長崎市桜町で写真館を経営していた。被爆後、長崎県から依頼を受け1945年8月20日から9月30日まで被爆地を撮った。

● 写真上「城山国民学校（現在の城山小学校）」校内から校舎西側を見る。〈長崎原爆資料館 所蔵〉

● 写真中「井樋の口（現在の茂里町）付近の焼失電車」手前は焼失した電車。当時の電車軌道は、国鉄線（現在のJR）に並んで敷設されていた。中央に長崎駅前のNHKのアンテナが見える。その下の方に傾いたお寺の屋根も。〈長崎原爆資料館 所蔵〉

● 写真下左「被災地での地鎮祭」現在の筑後町辺り。尖塔は中町天主堂。戦後の混乱のなかで、このような正式の地鎮祭は珍しかった。〈長崎文献社発行・アルバム長崎百年 戦中戦後編より〉

● 写真下右「骨格だけが残った長崎県庁」風格あるルネッサンス様式レンガ造り石壁の建物であったが、熱線により中央ドームの屋根裏から発火。大火となって全焼した。〈長崎原爆資料館 所蔵〉

原爆被災地跡に平和を学ぶ 7　レンズがとらえた「ATOMIC FIELD」

石田　寿 (いしだ　ひさし)

石田 寿氏は被爆当時、長崎地方裁判所長であった。被爆直後被爆地の惨状を撮り続け、長崎市の原爆資料保存検討委員会の委員長を務めた。

● 写真上「被爆した旧浦上天主堂」爆心地より約500mに位置する天主堂は一瞬のうちに爆風で全壊し、室内にいた2人の神父と20数人の信徒が運命をともにした。〈長崎原爆資料館 所蔵〉

● 写真中左「三菱兵器製作所 大橋工場（現在の長崎大学文教キャンパスの場所）」〈長崎原爆資料館 所蔵〉

● 写真中右「爆心地標識」中央の標柱は爆心地を示す3代目。標柱は幾度か建て替えられ、現在は三角形の石柱になっている。〈長崎原爆資料館 所蔵〉

● 写真下「長崎医科大（現在の長崎大学医学部）」ぐびろが丘から同大学附属医院（現在の長崎大学医学部附属病院）が見える。〈長崎原爆資料館 所蔵〉

その他の証言者たち

幾つもの撮影者の視点が1945年8月9日の惨状から復興までをとらえている。

●写真上／松田弘道氏撮影「香焼の川南造船所から見たきのこ雲」原爆の炸裂から10数分後に撮影。地上から写したものでは最も早い写真。爆心地南西約10km川南造船所の構内。〈長崎原爆資料館 所蔵〉

●写真中左／米軍撮影「三菱兵器茂里町工場と三菱長崎製鋼所」〈(財)長崎平和推進協会 写真資料調査部会 所蔵〉

●写真中右／田口佐一郎氏撮影「爆風で傾いた電柱」浜口町南寄りの付近。遠くの建物は鎮西学園。〈長崎文献社発行・アルバム長崎百年 戦中戦後編より〉

●写真下左／林重男氏撮影「松山町踏切でのさつま芋の配給風景」〈長崎文献社発行・アルバム長崎百年 戦中戦後編より〉

●写真下右／津場貞雄氏撮影「三菱球場で市民の奉迎をうけられる昭和天皇」(昭和24年5月27日)〈長崎文献社発行・アルバム長崎百年 戦中戦後編より〉

原爆被災地跡に平和を学ぶ

9 レンズがとらえた「ATOMIC FIELD」

原爆中心地・平和公園全景

(2019年8月現在)

長崎を走る路面電車に乗って平和公園電停で降り、国道206号（平和公園通り）を渡ると、左手に平和公園、右手に原爆落下中心地公園が見えてくる。
この周辺には被爆当時の遺構が残り、平和を祈る施設やモニュメントが数多く造られ、悲惨な原爆落下の記憶を今に伝えている。

平和公園 P.16-P.17　平和祈念像を中心とした公園一帯を「願いのゾーン」という

交通のご案内…JR長崎駅より市内電車利用の場合
赤迫行(系統番号①または③)で、平和公園電停下車　徒歩2分

原爆落下中心地公園 P.12-P.13　原爆落下中心碑周辺を「祈りのゾーン」という

交通のご案内…JR長崎駅より市内電車利用の場合
赤迫行(系統番号①または③)で、平和公園電停下車　徒歩2分

長崎游学マップ❶
10
Nagasaki Heritage Guide Map

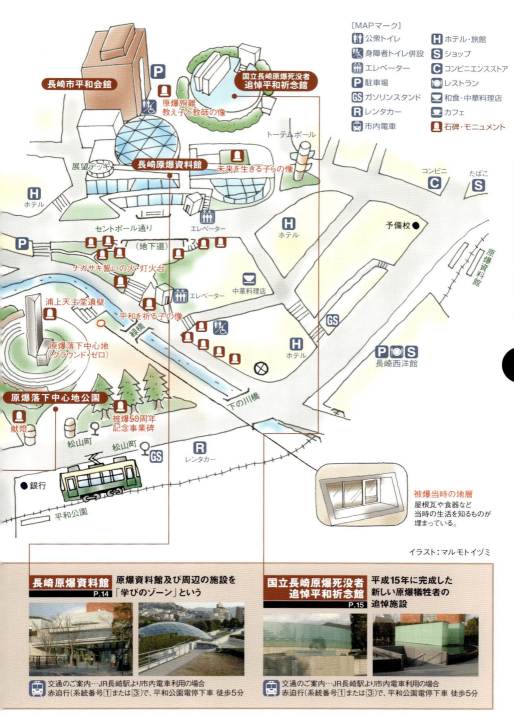

グラウンド・ゼロは いま不戦の聖地

長崎の原爆被災地を訪ねるには、まず原爆落下中心地（グラウンド・ゼロ）を訪れることをお勧めしたい。
そこは核廃絶と不戦を世界に訴える人類の聖地ともいえるところである。

※写真は「被爆3日後の爆心地一帯」(左)、「立ち上がるきのこ雲」(右)〈米軍撮影／長崎原爆資料館 所蔵〉

DATA
原爆落下中心地公園
開園時間 入園自由
駐車場 なし
🚊 JR長崎駅より〈市内電車〉利用の場合
赤迫行〈系統番号 ①または③〉で、平和公園電停下車徒歩2分
長崎市松山町171番地
☎ 095-823-3631
（長崎市観光案内所／JR長崎駅構内）

●「原爆落下中心地標柱」(MAP Ⓐ)

MAP P.11
原爆落下中心地（グラウンド・ゼロ）

運命のいたずらが、長崎を原子野と化した

原子爆弾を積んだ米軍機ボックスカー号（B29爆撃機）は、その日の早朝、基地テニアンを出発し、投下目標の小倉に向かった。屋久島上空で観測機2機と合流する予定だったが、1機が集合時間に遅れた。

投下予定時刻の小倉上空は晴れ、目視投下可能な天候であった。しかし、予定より遅れて小倉上空に着いた時は雲と煙のため目視投下できない状況であり、日本軍の対空砲火も徐々に正確さを増していた。燃料不足も重なり、このままでは危険だと判断した編隊は、第2目標の長崎に向かった。

長崎上空は曇りで視界がきかず、レーダーによる投下の準備に入った。観測器ゾンデ（核出力測定器）を落下傘に吊るし投下した時、わずかに雲の切れ間ができ、その後、松山町上空に原子爆弾を投下した。高度約9,600メートルから投下された原子爆弾は、約500メートルの上空で爆発した。1945（昭和20）年8月9日11時2分のことであった。

被爆当時、松山町には約300世帯、1,860人が住んでいたが、防空壕に避難していた9歳の少女を除いて、住民全員が死亡した。熱線、放射線、爆風は、一瞬のうちにすべてを焼きつくした。

（NCC長崎文化放送制作 テレメンタリー2003「リメンバー ナガサキ」より）

MAP P.11
原爆落下中心地公園

長崎から平和を発信するシンボルゾーン

原子爆弾が炸裂した直下の松山町171番地に、原爆落下中心地碑（三角柱）が建てられている。爆心地の標柱は、日本学術調査団の調べで爆発点が割り出され、はじめ煙突のかけらが建てられた。

松山町の爆心地付近は、道路に亀裂が走っていたが、不思議なことに真上からの爆圧のためか、電柱も樹木も倒れないで立っていた。これが後に爆心地を判定する手がかりとなった。標柱は何回か建て直されたが、現在の黒御影石の三角柱は1968（昭和43）年に建立された。

現在、原爆落下中心地は公園として整備され、三角柱を中心にした同心円模様が地面に描かれ、公園内には旧浦上天主堂の残骸の一部を移した遺壁が残されている。

周辺には様々な像や碑が建てられているが、中でも「平和を祈る子の像」は、全国の少年少女から募金を集めて、永遠の平和を象徴する像として建てられた。また、「ナガサキ誓いの火・灯火台」は、ギリシャ政府の特別の許可によって、オリンピアの丘で灯された聖火が、人類最後の被爆地長崎に贈られたもの。灯火台が市民の手によって完成し、「世界中からすべての核兵器が廃絶されるまで」灯し続けられる。

●「平和を祈る子の像」（MAP⑥）

●「浦上天主堂遺壁」（MAP⑧）

●「ナガサキ誓いの火・灯火台」ナガサキ誓いの火は、毎月9日の9:00〜17:00と8月6日〜9日に灯される（MAP⑧）

原爆被災地跡に平和を学ぶ

13　グラウンド・ゼロはいま不戦の聖地

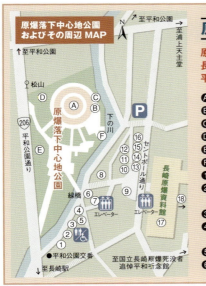

原爆中心地周辺の碑・モニュメント

原爆落下中心地公園一帯と
長崎原爆資料館をはさむ川沿いには
平和を祈る石碑やモニュメントが並ぶ

- Ⓐ 原爆落下中心地標柱
- Ⓑ 浦上天主堂遺壁
- Ⓒ 折鶴
- Ⓓ 献燈（一対）
- Ⓔ 被爆50周年記念事業碑
- Ⓕ 被爆当時の地層
- ❶ 電鐵原爆殉難者追悼碑
- ❷ 外国人戦争犠牲者追悼核廃絶人類不戦の碑
- ❸ 福田須磨子詩碑
- ❹ 電気通信労働者原爆慰霊碑
- ❺ 不戦平和之塔
- ❻ 平和を祈る子の像
- ❼ 追悼長崎原爆朝鮮人犠牲者の碑
- ❽ ナガサキ誓いの火・灯火台
- ❾ 平和の母子像
- ❿ 反核・平和 はぐくむ像
- ⓫ 鎮魂『あの夏の日』像
- ⓬ 長崎原爆青年乙女の会
- ⓭ 隈 治人句碑
- ⓮ 松尾あつゆき句碑
- ⓯ 浜口町北部の惨状
- ⓰ 秋桜子句碑
- ⓱ 未来を生きる子ら（長崎原爆資料館屋上庭園）
- ⓲ 原爆殉難教え子と教師の像（長崎市平和会館入口前）

MAP P.11

長崎原爆資料館

都市を消滅させた恐怖の残骸を展示

1955(昭和30)年2月、国際都市復興計画の一事業として、長崎国際文化会館が建設された。しかし、40年近く経過して、建物の老朽化に伴い、展示機能の充実を図ることになり、施設は地下構造物として建て替えられ、名称を長崎原爆資料館と改め、1996(平成8)年4月に開館した。

館内は、「1945年8月9日」、「原爆による被害の実相」、「核兵器のない世界を目指して」、「ビデオルーム他」の4つのゾーンに分かれ、被爆地の惨状を示す写真や資料を収集・展示し、合わせて現代の核兵器の状況なども紹介している。地下2階に降り入口を入ると、爆発の午前11時2分を示す柱時計があり、原子野と化した長崎の街の惨状を紹介している。正面奥には被爆当時の浦上天主堂の聖堂南側残骸の一部を再現した造型(レプリカ)が展示してある。

長崎に落とされた原子爆弾ファットマンの模型展示では、その威力のすさまじさを知ることができる。展示物は、原爆の熱線と爆風による被害の恐ろしさ、放射能による人体への影響を訴えかける。その他、地下1階には被爆体験講話などで平和を学ぶ平和学習室、1階には図書室、映像で平和を学ぶビデオコーナーなどがある。

DATA
長崎原爆資料館
開館時間 8:30～18:30(5～8月)
　　　　 8:30～20:00(8月7～9日)
　　　　 8:30～17:30(9～4月)
休館日 12月29～31日
駐車場 有料あり
観覧料 ●一般200円
　　　 ●小・中・高校生100円
JR長崎駅より(市内電車)利用の場合赤迫行(系統番号①または③)で、原爆資料館電停下車徒歩5分
〒852-8117 長崎市平野町7-8
TEL 095-844-1231
URL http://www1.city.nagasaki.nagasaki.jp/bomb/museum/index.html

●「長崎型原爆:ファットマン」長崎原爆は、その形状からファットマン(ふとっちょ)と呼ばれた。回りの火薬でプルトニウムを内側に爆縮して核分裂を起こす

●「壊れた柱時計」爆発の時刻11時2分を指したままの時計〈久保忠八氏寄贈〉

●「被爆した浦上天主堂の側壁(再現造型)」(上)〈大石巌氏寄贈〉浦上天主堂は原爆によりほとんどが倒壊、焼失

●「女子学生の弁当箱」(上)〈大石巌氏寄贈〉
●「溶けた6本の瓶」(下)〈岡田寿吉氏寄贈〉

●「長崎地形模型」(上)火球、熱線、爆風、火災、放射線の面的な広がりを表示
●「現代の核兵器」(下)

※上の写真は長崎原爆資料館 長崎市平和推進課 所蔵

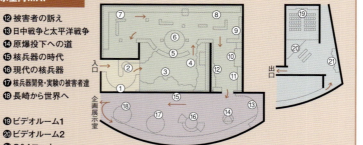

長崎原爆資料館 常設展示室内MAP

① 被爆前の長崎
② 永遠の11時2分
③ 原子野と化した長崎の街
④ 浦上天主堂の惨状
⑤ 長崎原爆投下までの経過
⑥ 被爆した長崎の街
⑦ 熱線による被害
⑧ 爆風による被害
⑨ 放射線による被害
⑩ 救援・救護活動
⑪ 永井隆博士
⑫ 被害者の訴え
⑬ 日中戦争と太平洋戦争
⑭ 原爆投下への道
⑮ 核兵器の時代
⑯ 現代の核兵器
⑰ 核兵器開発・実験の被害者達
⑱ 長崎から世界へ
⑲ ビデオルーム1
⑳ ビデオルーム2
㉑ Q&Aコーナー

※施設の上部の水盤。夜になると、光ファイバーにより約7万(1945年12月末までの推定原爆死没者数)の追悼のあかりが灯る

MAP P.11
国立長崎原爆死没者追悼平和祈念館

原爆犠牲者の名簿が安置された祈りの場

国立長崎原爆死没者追悼平和祈念館は、原子爆弾によって尊い生命を奪われた幾多の死没者を追悼し、恒久の平和を祈念するための施設で、長崎・広島に設置されている。主な目的に「平和祈念・死没者追悼」、「被爆関連資料・情報の収集及び利用」、「国際協力及び交流」があり、長崎は「国際協力及び交流」に重点を置いた施設として、2003(平成15)年7月に開館した。

被爆者の多くが水を求めたことから、施設の上部には水を湛えた直径29メートルの水盤が設置されている。水盤には夜になると約7万個(昭和20年末までの推定死没者の概数)の光ファイバーの明かりが灯る。

追悼空間では、短時間の追悼式や献花式を行うことができる。12本の光の柱が原爆落下中心地の方角を示し、正面には原爆で亡くなった人々の名簿が安置されている。名簿に記された数は14万5,984人(平成20年8月9日現在)。

遺影・手記閲覧室では、原爆死没者の氏名や遺影、被爆体験記や証言音声・映像を検索し閲覧することができる。

平和情報コーナーでは、原爆詩を朗読音声と映像で紹介する原爆詩シアターの鑑賞や、被爆医療に関する情報の閲覧などができる。また、平和へのメッセージをパソコンや手書きカードに書き残すこともできる。

DATA
国立長崎原爆死没者追悼平和祈念館
開館時間 8:30〜18:30(5〜8月)
　　　　 8:30〜20:00(8月7〜9日)
　　　　 8:30〜17:30(9〜4月)
駐車場 有料あり
休館日 12月29〜31日
入館料 無料
JR長崎駅より〈市内電車〉利用の場合
赤迫行(系統番号①または③)で、原爆資料館電停下車徒歩5分
〒852-8117 長崎市平野町7-8
TEL 095-814-0055
URL http://www.peace-nagasaki.go.jp/

被災地跡に平和を学ぶ

15

グラウンド・ゼロはいま不戦の聖地

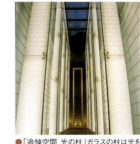
●「追悼空間 光の柱」ガラスの柱は光を灯しながら未来への平和を願い、世界中の空へ伸びる気持ちを表している

※上の写真は国立長崎原爆死没者追悼平和祈念館 所蔵

国立長崎原爆死没者追悼平和祈念館 館内MAP
❸総合案内　❺追悼空間前室　❼交流ラウンジ・平和情報コーナー
❹遺影・手記閲覧室　❻追悼空間

B1F(地下1階)　❶手記展示コーナー
　　　　　　　❷追悼コーナー

B2F(地下2階)

■追悼コース
■短時間コース

MAP P.10
平和公園

目を閉じ冥福を祈る平和祈念像の前で

原爆中心地の北側の丘に造られたのが平和公園。松山町電停側の入口から階段を昇ると平和の泉が見えてくる。これは水を求めて死んでいった痛ましい被爆者の霊に水を捧げて、恒久平和を祈るために建設された。

正面の黒い石には、被爆当時9歳だった山口幸子さんの手記が刻まれている。毎年8月9日にはここで市内の小学生らが平和のメッセージを書いた手作りランタンに火を灯す。

泉の正面方向には平和都市長崎のシンボルとして、長崎県出身の彫刻家北村西望作の平和祈念像が座している。天を指した右手は原爆の脅威を、水平に伸ばした左手は平和を、軽く閉じた目は戦争犠牲者の冥福を祈っている。

毎年8月9日はこの像の前で平和祈念式典が行われ、長崎市長が平和宣言を全世界に向けて発し、平和の誓いを新たにする。園内中央付近には4本の柱に吊るされた鐘や、動員学徒原爆殉難者の碑、長崎刑務所浦上刑務支所跡などのモニュメントがある。

DATA
平和公園
開園時間 入園自由
駐車場 有料あり
🚃JR長崎駅より〈市内電車〉利用の場合
赤迫行（系統番号①または③）で、
平和公園電停下車徒歩2分
長崎市松山町
TEL 095-823-3631
（長崎市観光案内所／JR長崎駅構内）

●写真左「平和の泉」(MAP Ⓕ)
●写真下「少女の手記」(MAP Ⓕ)

●「浦上刑務支所跡」(MAP Ⓒ)

●「動員学徒の碑(長崎の鐘)」(MAP Ⓓ)

●「戦災復興記念の像」(MAP Ⓔ)

平和公園
平和シンボルゾーン MAP
Ⓐ 平和祈念像
Ⓑ 折鶴の塔
Ⓒ 浦上刑務支所跡
Ⓓ 動員学徒の碑（長崎の鐘）
Ⓔ 戦災復興記念碑
Ⓕ 平和の泉
❶～⓮は次ページの写真

国境を越えて広がる平和への願いがこめられたモニュメントの数々

世界各地から贈られた「平和の願い」

人類永遠の平和の実現を強く訴えるため、平和公園の丘の東端散策道に面する一帯を「世界平和シンボルゾーン」としている。
「平和は長崎から」を全世界に呼びかけ、14ヵ国から寄贈された記念碑が建てられている。

❶ドイツ民主共和国「諸国民友好の像」

❷チェコスロバキア社会主義共和国「人生の喜び」

❸ソヴィエト社会主義共和国連邦「平和」

❹ブルガリア人民共和国「Aコール」

❺中華人民共和国「乙女の像」

❻ブラジル連邦共和国・サントス市「平和の碑」

❼キューバ共和国「太陽と鶴」

❽トルコ共和国・アンカラ市「無限∞」

❾アメリカ合衆国・セントポール市「地球星座」

❿アルゼンチン共和国・サイシドロ市「戦争に対する平和の勝利」

⓫イタリア共和国・ピストイア市「人生への讃歌」

⓬ポーランド人民共和国「生命と平和との花」

⓭ポルトガル国・ポルト市「平和の記念碑」

⓮オランダ・ミデルブルグ市「未来の世代を守る像」

原爆被災地跡に平和を学ぶ

17

グラウンド・ゼロはいま不戦の聖地

浦上天主堂の悲劇とキリシタン物語

浦上天主堂は、長崎の地でたび重なる宗教弾圧に耐えて生きのび、人々の祈りの場であった。この聖なる歴史的建物を原子爆弾は一瞬にして破壊した。心のよりどころをなくした人々の精神的ダメージは計り知れないものがあった。

※写真は「被爆マリア像」〈浦上天主堂 所蔵〉

被爆直後、天主堂は廃墟と化した

旧浦上天主堂は、爆心地から北東約500メートルに位置していた。双塔の高さは約24メートル、東洋一の荘厳さと規模を誇った天主堂であったが、原爆投下直後、熱線と爆風が直撃した。一瞬のうちに建物は全壊、屋根と床の可燃物は焼失した。建物の大部分は崩れ落ち、焼失し、わずかに聖堂、司祭館などの堂壁を残すのみの廃墟と化したのである。敷地内にあった聖人像もほとんどが熱線を浴び大破した。現在、長崎原爆資料館には、被爆した天主堂の側壁を復元した造型（レプリカ）が展示されているが、聖像は熱線と炎により黒くこげ、石柱は爆風によりずれが生じた状態で、被爆当時の惨状を今に伝えている。

惨劇を物語る三つの聖母像と遺構

■悲しみの聖母マリア像
惨状と復興を見守り続けた聖母像

旧浦上天主堂の南側入口に「悲しみの聖母」と「使徒ヨハネ」像があった。悲しみの聖母像が彫り上がった時、当時のフレノ神父はちっとも悲しいポーズではないと感じて、自ら悲しみのポーズをして見せて、3回も日本人石工に彫り直させたというエピソードが残っている。その聖母像は、原爆により指が欠けたが、破壊されず残った。浦上の丘の惨状と復興を見守り続け、現在は天主堂の正面に安置されている。

■被爆マリア像
数奇な運命をたどったマリア像

旧天主堂の正面の祭壇の最上階に安置されていた木製のマリア像があった。1920年代にイタリアで作られたものである。この像を野口嘉右衛門神父が被爆した旧天主堂の瓦礫の中から奇跡的に発見し、北海道の修道院に持ち帰ったが、被爆から30年後の1975（昭和50）年に浦上天主堂へ返還した。2000（平成12）年に天主堂右側の小聖堂に「被爆マリア像」として安置され、現在に至っている。

● 写真左「被爆直後の浦上天主堂南側の壁と悲しみの聖母マリア像」〈石田寿氏撮影／長崎原爆資料館 所蔵〉
● 写真右「現在の悲しみの聖母マリア像」（MAP Ⓗ）
● 「旧天主堂の祭壇」〈浦上天主堂写真集（カトリック浦上教会発行）より〉※赤丸内が聖像

※写真は「被爆した旧浦上天主堂」〈浦上天主堂写真集(カトリック浦上教会発行)〉より

浦上天主堂MAP　浦上天主堂にある石碑・像

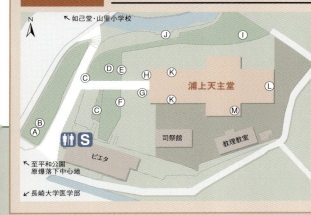

- Ⓐ 平和の聖母像
- Ⓑ 田中千禾夫文学碑
- Ⓒ 天使の像
- Ⓓ 被爆した聖人の石像
- Ⓔ 流配60周年記念碑
- Ⓕ 信仰の礎碑
- Ⓖ 教皇ヨハネ・パウロ二世の像
- Ⓗ 悲しみの聖母マリア像
- Ⓘ ルドビコ茨木の像
- Ⓙ 旧浦上天主堂・鐘楼の残骸
- Ⓚ ステンドグラス左右24枚
- Ⓛ ステンドグラス「無原罪の聖母」
- Ⓜ 被爆マリア像

■平和の聖母像

天主堂を囲む聖母像や被爆聖像

現在の浦上天主堂の周囲には、被爆の惨状と世界平和を訴え続ける石碑や像が点在する。1951(昭和26)年にイタリアのカトリック医師会から永井隆博士に贈られたのは「平和の聖母像」。永井博士は聖母像を待ち望んでいたが、到着する1ヵ月半前に亡くなった。天主堂左側の前庭には「被爆した聖人の石像」があり、その側の石垣に「天使の像」が並ぶ。熱線で焼けこげた頭部や一部を欠いた石像、頭部だけ残り微笑む天使像の姿が痛々しい。浦上天主堂に安置されていた石像のうち「聖アグネス像」は、1983(昭和58)年に「平和の使者」として国連本部に寄贈された。現在、ニューヨークの国連本部に展示され、世界中から訪れる人々に原爆の恐怖と悲惨さを訴え続けている。

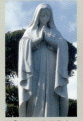
●「平和の聖母像」(MAPⒶ)

●「天使の像」(MAPⒸ)

●「被爆した聖人の石像」(MAPⒹ)

19　浦上天主堂の悲劇とキリシタン物語

●元庄屋屋敷の仮聖堂（上）
写真に見える庭の石材は、本聖堂建設準備のために運ばれたものと思われる。右側の柿の木は「浦上四番崩れ」のとき、信徒たちが縛られて拷問を受けたというもの。〈浦上天主堂写真集（カトリック浦上教会発行）より〉

●秘密教会の想像図（下）
〈浦上天主堂写真集（カトリック浦上教会発行）より〉

浦上天主堂の変遷史

弾圧を乗り越え「神の家」実現へ

　1571（元亀2）年、長崎はポルトガルの貿易港として開港し、日本のキリスト教の中心地となった。しかし、禁教令が出されると迫害と弾圧が繰り返された。それでも浦上の多くの信徒は信仰を守り通した。
　1865（元治2）年、大浦天主堂でパードレ（司祭）との出会い（信徒発見）を実現した浦上のキリシタンたちは、四ヵ所に秘密教会をつくった。しかし、当時はまだ禁教時代で「浦上四番崩れ」という最大の弾圧を受け、3,394人が全国22ヵ所に流配された。
　その「旅」から戻った信徒たち1,900人の悲願は、「神の家」である教会をつくることであった。1880（明治13）年、高谷家という旧庄屋屋敷を買収して、仮聖堂としたのである。

天主堂建設を志した人々
フレノ神父とラゲ神父らから30年の歳月が

　1895（明治28）年、待望の旧天主堂の建築が始まった。旧天主堂を設計施工したのはフレノ神父、工事は信徒たちが受け持った。フレノ神父は自ら毎月日を決めて地区ごとに積立金を集めて回った。資金が集まると石やレンガを買って、信徒たちが労働奉仕をするという繰り返しだった。
　しかし、資金難から工事は遅れに遅れ、1911（明治44）年にフレノ神父が過労で倒れ64歳で亡くなった時には、半分の高さまで出来上がっただけであった。フレノ神父の後を受けたのがラゲ神父。工事は続けられたが資金難は解消しない。設計を変更して中央ドームは造らず双塔は未完成のまま、1914（大正3）年に献堂式を挙げた。双塔が出来、アンゼラスの鐘が吊されたのは、1925（大正14）年のヒューゼ神父の時であった。着工以来30年の歳月を経て、旧浦上天主堂はようやく完成したのである。

●フレノ神父
建築学と芸術や音楽に才能を発揮した。神父が編成した浦上教会音楽隊は当時の長崎の評判となる。〈浦上天主堂写真集（カトリック浦上教会発行）より〉

●ラゲ神父
フレノ神父の後を受けて浦上教会主任司祭となる。また、新約聖書の邦訳者としても知られる。〈浦上天主堂写真集（カトリック浦上教会発行）より〉

※写真は「未完成のまま献堂式を挙げた旧浦上天主堂」〈浦上天主堂写真集（カトリック浦上教会発行）より〉

旧天主堂倒壊から新天主堂建設へ

　旧浦上天主堂は、30年の歳月をかけて完成し、東洋一の大教会といわれた。外部正面が西方に面し、左右に四角形の双塔を設け、ドームを置いて縦に三分し、双塔の間に切妻屋根を配した。内部も非常に美しい造りであったが、1945(昭和20)年の原爆により倒壊。約12,000人の信徒のうち約8,500人が爆死した。

　翌1946(昭和21)年には神父と信徒たちの努力で木造の仮聖堂が落成し、1959(昭和34)年、鉄筋コンクリート造で、近代様式とロマネスク様式混合の新浦上天主堂が完成した。床面積は1,679平方メートルで、塔の高さは29メートルであった。

　さらに教皇ヨハネ・パウロ二世訪日前年の1980(昭和55)年に新浦上天主堂の改装工事が完成。外壁を赤レンガのタイルで貼り、薔薇窓は外国製の5色のステンドグラスを用いた。至聖所のアーチが新しくなり、中央祭壇はイタリア産の大理石製で、「赤レンガの美しい天主堂」として蘇った。正面入口両側には、被爆した聖母像とヨハネ像が安置されている。

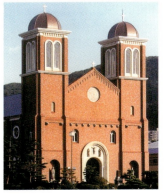

- 写真上左「1925(大正14)年完成の旧浦上天主堂」〈浦上天主堂写真集(カトリック浦上教会発行)より〉
- 写真上右「1945(昭和20)年の原爆投下により倒壊した旧浦上天主堂の残骸」〈石田寿氏撮影／長崎原爆資料館 所蔵〉
- 写真下左「1959(昭和34)年11月1日、完成の新浦上天主堂」〈浦上天主堂写真集(カトリック浦上教会発行)より〉
- 写真下右「1980(昭和55)年改装工事が完成の赤レンガの美しい天主堂」〈浦上天主堂写真集(カトリック浦上教会発行)より〉

浦上キリシタン年表

1584(天正12)年ごろ
里郷(長崎大医学部から大学病院あたり)に教会堂とハンセン氏病院があった。

1597(慶長元)年
日本26聖人西坂で殉教。

1603(慶長8)年
川上(大橋町)にサンタ・クララ教会完成。

1614(慶長19)年
江戸幕府のキリシタン禁止令発布。サンタ・クララ教会、里郷の教会堂、ハンセン氏病院破壊される。ここから長い禁教の時代に入る。

1865(元治2)年
浦上の信徒たちが大浦天主堂のプチジャン神父を訪問。「信徒発見」。浦上に四ヵ所の秘密教会をつくる。

1867(慶応3)年
「浦上四番崩れ」で3,394人が各地に流配される。

1868(明治元)年
四ヵ所の秘密教会が破壊される。

1873(明治6)年
1,900人が浦上四番崩れの「旅」から戻る。

1879(明治12)年
土井(茂里町あたり)に聖ヨハネ堂建つ。

1880(明治13)年
高谷家の旧庄屋屋敷を買収して仮聖堂とする。いまの天主堂敷地。

1895(明治28)年
浦上天主堂の建築に着工。

1914(大正3)年
未完成のまま浦上天主堂献堂式。

1925(大正14)年
双塔完成。フランス製のアンゼラスの鐘が鳴り響く。

1945(昭和20)年
浦上天主堂、原爆で倒壊焼失する。

1946(昭和21)年
木造仮聖堂完成。

1959(昭和34)年
鉄筋コンクリート造の再建浦上天主堂完成。

1962(昭和37)年
浦上天主堂、司教座聖堂(カテドラル)に指定される。

1980(昭和55)年
浦上天主堂の改装工事完成。外壁が赤レンガのタイル貼りとなる。

1981(昭和56)年
ローマ教皇ヨハネ・パウロ二世、浦上天主堂訪問。

1996(平成8)年
聖堂2階に英国製パイプオルガン設置。

原爆被災地跡に平和を学ぶ　21　浦上天主堂の悲劇とキリシタン物語

●「正面大祭壇」神秘的な光に包まれる中央祭壇。〈浦上天主堂 所蔵〉

現在の浦上天主堂

一般公開されミサのほか結婚式やコンサートも

現在の浦上天主堂では、内部が一般公開され、拝観できるようになっている。堂内の正面上にはステンドグラス「無原罪の聖母」、左右の窓にはキリストの生涯を描いた24枚のステンドグラスが設置されている。毎年8月9日には原爆犠牲者追悼ミサと平和祈願祭が行われる。年間行事としてミサの他、バザー、夏祭り、チャリティーコンサート、クリスマス会、結婚式などが行われている。

※一般客は拝観のルールを守りましょう。

DATA
浦上天主堂
拝観時間 9:00～17:00
休館日 月曜日
駐車場 なし
拝観料 自由
JR長崎駅より〈市内電車〉利用の場合
赤迫行〈系統番号 1 または 3〉で、平和公園電停下車徒歩10分
〒852-8112 長崎市本尾町1-79
TEL 095-844-1777
URL http://www1.odn.ne.jp/uracathe/i.htm

●主日ミサ
[土曜日] 夜7時
[日曜日] 朝6時 朝7時半 朝9時半
●平日ミサ
[月～土] 朝6時 [金曜日] 夜7時
●拝観時間
[月～土]（日・休館）
[火～日] 午前9時～午後5時

●「浦上天主堂内ミサに与る信徒たち」〈浦上天主堂 所蔵〉

天主堂廃墟はなぜ壊されたのか？
被爆遺構保存か新天主堂建設かで世論も揺れたが、教会側が取り壊しを決断。

原爆投下で廃墟と化した旧天主堂だったが、中田藤太郎神父を中心に焼け跡の瓦礫が整理され、西側玄関の一部と南側入口の一部が残されたまま、1946（昭和21）年に木造仮聖堂が落成した。1947（昭和22）年、中島万利神父を中心に本聖堂再建計画が立てられ、信徒たちも再建資金の積み立てを始めた。1954（昭和29）年には浦上天主堂再建委員会が発足し、具体的な再建計画が進められた。新天主堂の再建着工を知った原爆資料保存委員会は、1958（昭和33）年、廃墟は貴重な資料であるとして保存を要望した。残すべきか、壊すべきか、当時の世論も揺れた。浦上天主堂側は山口愛次郎司教を中心に慎重に検討したが、禁教迫害時代からの由緒ある場所にある旧天主堂と同じ位置に新天主堂を建てたいとして、廃墟の取り壊しはやむを得ないとの結論を出した。保存委員会は再度保存を申し入れ、長崎市議会でもこの問題が取り上げられたが、廃墟の全部を移築することは資金面でも技術面でも困難であるとして、側壁の一部を原爆中心地に移設保存することで決着した。かくして、1958（昭和33）年4月14日、人力のハンマーによる取り壊し作業が始まったのである。翌1959（昭和34）年には新浦上天主堂が献堂式を挙げている。

●浦上天主堂の取り壊し作業〈津場貞雄氏撮影／アルバム長崎百年 戦中戦後編（長崎文献社発行）より〉

美しい内観とステンドグラス

天主堂内部の双窓と至聖所のステンドグラスは「キリストの生涯」をテーマとして生誕から復活まで描かれている。

（聖堂内正面祭壇左側）

（聖堂内正面祭壇右側）

（聖堂入口付近奥左側）

（聖堂入口付近奥右側）

（聖堂入口付近左側）

（聖堂入口付近右側）

● 「聖堂内正面のステンドグラス」浦上小教区の保護者『無原罪の聖母マリア』

※ステンドグラスのサイズは
（上）縦×横／約450×115cm
（右1枚当たり）縦×横／約270×190cm

※写真は、浦上天主堂写真集（カトリック浦上教会発行）より

原爆被災地跡に平和を学ぶ

23

浦上天主堂の悲劇とキリシタン物語

「長崎の鐘」秘話　聖夜に響くアンゼラスの鐘

旧天主堂の双塔は原爆で崩壊した。二基の塔には鐘楼（ドーム）がついていたが、一基は壊れ、一基は35メートルほど北東の川に吹き飛ばされた。信徒たちは川の流れを北にずらして鐘楼を埋め込み石垣を築いたが、1971（昭和46）年に長崎県原爆資料保存会が一部を掘り出し、一般公開しながら保存されることとなった。その双塔の中にはフランス製の大小のアンゼラスの鐘が吊られていた。小さいほうは原爆で壊れたが、大きいほうはほぼ完全な姿で残った。永井隆博士は「被災者の精神を奮い立たせ、生活再建の意欲を起こさせるためにこの鐘を鳴らそう」と提案。山川神父と信徒たちは、3本の杉丸太を組み急ごしらえの鐘楼とし、鐘をチェーンで吊した。こうして1945（昭和20）年12月24日のクリスマス・イブの夜、被爆後初めてアンゼラスの鐘は鳴り響いた。この鐘が「長崎の鐘」と呼ばれるようになり、1949（昭和24）年に永井隆博士は同名の書物を出版、同名の歌も生まれ藤山一郎が熱唱、翌年映画化された。
「長崎の鐘」は現在もなお浦上の丘に時を告げている。

　新しき朝の光のさしそむる
　荒野にひびけ長崎の鐘
　　　　　　　　　永井　隆

● 旧浦上天主堂・鐘楼の残骸（写真左）
● 瓦礫の中から掘り出された長崎の鐘（写真右）〈石田寿氏撮影／長崎原爆資料館 所蔵〉

8月9日、被爆遺構にあの日を訪ねて…

原爆が投下されたその日も
人々の普通の暮らしがあった。
大学で学ぶ者、病院に勤務する者がいた。
夏休み中の子どもたちがいた。しかし、
日常ありふれた光景が一瞬のうちにすべて
消滅した。原爆の恐怖と戦争の悲惨さを、
今一度脳裏にとどめるため、
あの日の爆心地周辺を訪ね歩く。

※写真は「焦土と化した浜口町の高台から北方を望む」〈H・J・ピーターソン氏撮影／長崎原爆資料館 所蔵〉

永井隆と如己堂

被爆者救護と平和教育に尽くした生涯

永井隆博士
勤務先の長崎医科大学病院で被爆した永井隆博士は、被爆時の様子を「此世の地獄。地上一切のものは瞬時に粉砕せられ地球が裸になった(『原子爆弾救護報告』)」と記述している。永井博士も目の当たりにした被爆地の記憶を訪ねてみたい。
〈長崎市永井隆記念館 所蔵〉

　永井隆は1908(明治41)年に島根県松江市に生まれた。松江高校を卒業後、長崎医科大学に入学。首席で卒業した彼は放射線医学を研究、長崎医大助手、軍医、講師、助教授を経て1944(昭和19)年に医学博士となる。その間、洗礼を受け、下宿先の一人娘森山緑と結婚し、一男三女をもうけている。
　被爆当時、彼は白血病を患っていたが、倒壊した医科大の建物からはい出し、負傷、出血をおして救護活動を続けた。しかし、原爆で博士自身も最愛の妻を亡くしている。
　1946(昭和21)年、長崎医大教授となったが、この頃から寝たきりとなり、2年後に如己堂が建ち移り住む。そして、1951(昭和26)年5月1日、43歳という若さで亡くなった。
　終戦後、浦上天主堂の復興や平和教育に尽力し、病床から『長崎の鐘』『ロザリオの鎖』『この子を残して』などの著書の他、書や絵などを残している。

如己堂(にょこどう)

闘病と執筆活動を続けた小さな住みか

　浦上の人々から永井博士に贈られた2畳一間の小さな家を「如己堂」という。重傷を負いながら被爆者の救護にあたり、白血病で倒れた博士のために贈られたものである。博士の座右の銘「己の如く人を愛せよ」から名付けられた。
　博士はこの家に幼い2人の子どもと暮らし、執筆活動を続けた。

　「如己堂は、2畳ひと間きりの家、北側の壁に香台、本だなを取りつけ、その下に幅2尺長さ6尺の寝台を置いて、ここに私は身を横たえている。西側は一面の白壁、何の飾りもない。東と南にはガラス戸で、草に埋もれる原子野を隔てて浦上天主堂に向かう」
と著書『平和塔』に記述している。

永井隆博士が闘病生活を送った如己堂の内部図

長崎市在住の漫画家マルモトイヅミさんが、綿密な取材を行い、永井隆記念館の協力で特別にトイレも見せてもらい、リアルに再現したもの。

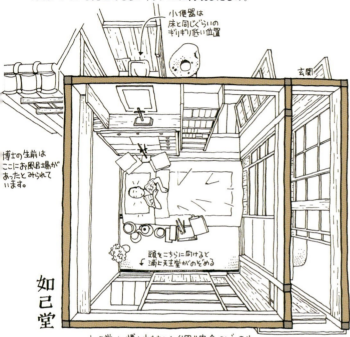

● 現在の如己堂

イラスト：マルモトイヅミ

原爆被災地跡に平和を学ぶ

25

8月9日、被爆遺構にあの日を訪ねて…

長崎市永井隆記念館

博士の遺品、書画、原稿などを展示

　如己堂と同じ敷地内にある記念館。永井博士の遺品、書画、原稿、著書の他、博士に送られた手紙、写真などが展示してある。博士は戦後の子どもたちのすさんだ心を豊かにしようと、私財を投じて図書室「うちらの本箱」を自宅(如己堂ではない)横に増築した。

　博士の死後、交流のあった佐世保市出身のブラジル在留邦人が中心となりブラジルで寄付金を集め基金とし、長崎市費と合わせて「長崎市立永井図書館」が建設された。

　1969(昭和44)年に「長崎市立永井記念館」と改称、さらに2000(平成12)年には鉄筋コンクリート建てに全面改築し、現在に至っている。

　図書室「うちらの本箱」は現在も記念館の2階にある。記念館前の通りは、姉妹都市であるブラジルのサントス市の名前をとって「サントス通り」と名付けられている。

DATA
長崎市永井隆記念館／如己堂
開館時間 9:00～17:00
休館日 12月29～1月3日
駐車場 なし
観覧料 展示室(1階)
●個人100円
●団体(15人以上)80円
小・中・高校生は無料
図書室(2階)は無料

JR長崎駅より〈市内電車〉利用の場合
赤迫行〈系統番号 1 または 3〉で、大橋電停下車 徒歩8分
〒852-8113 長崎市上野町22-6
TEL 095-844-3496
URL http://www.nagasaki-city.ed.jp/nyokodo/

●現在の山里小学校

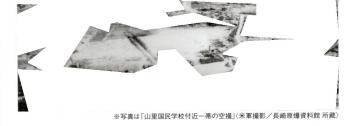
※写真は「山里国民学校付近一帯の空撮」〈米軍撮影／長崎原爆資料館 所蔵〉

山里国民学校跡（山里小学校）

1,300人の児童が犠牲に

　山里国民学校は、爆心地から北へ約600メートルの場所にあった。原爆により鉄筋コンクリート3階建ての校舎は、北側の1・2階を残して倒壊、全焼した。当日、学校で作業中だった32人の先生のうち生存者はわずか4人であった。校庭にいた子どもは黒こげになった。被爆により児童1,581人のうち約1,300人が亡くなっている。

　この小学校は永井隆博士とのゆかりが深く、校内には「あの子らの碑」「あの子らの丘」などがある。

防空壕跡

多くの被爆者が避難した20あまりの横穴

　山里国民学校には、当時、20あまりの防空壕が掘られていた。児童の他、学徒動員中の学生や近所に住む人々が、緊急避難場所として利用していたという。原爆投下で爆風や熱線を浴び負傷した多くの児童、教職員、長崎市民がこの中で息を引き取った。現在、校舎裏手（被爆時は運動場）の崖に掘られた防空壕が唯一残されている。

DATA
山里国民学校跡（山里小学校）
見学時間 被爆遺構のみ見学自由
駐車場 なし
JR長崎駅より〈市内電車〉利用の場合
赤迫行（系統番号①または③）で、大橋電停下車 徒歩6分
〒852-8114 長崎市橋口町20-56
TEL 095-844-0785
URL http://www.nagasaki-city.ed.jp/yamazato-e/

※一般人の遺構見学はできるが、校舎内は立入禁止。教育現場であり学校施設なので迷惑をかけないようにマナーを守ること。修学旅行生の見学・施設利用は、連絡と申し込みが必要です。

●防空壕跡（MAP Ｊ）

あの子らの碑

永井博士が子どもたちと建て、犠牲者を慰霊

　正門左側の小高い丘の上には「あの子らの碑」がある。原爆で亡くなった児童、教職員、家族の霊を慰めるために、1949（昭和24）年に建てられた。山里小学校の児童の被爆手記をまとめて「原子雲の下に生きて」を出版した永井隆博士が、子どもたちと相談して原稿料の一部を出し合って建てた慰霊碑である。碑の横にある石には「あの子らの碑」と、博士の書が刻まれている。

　毎年11月には慰霊祭が行われ、博士が作詞した「あの子」の歌が児童によって合唱される。

●あの子らの碑（MAP Ｅ）

山里国民学校跡（山里小学校）MAP
Ⓐ 児童記念館　Ⓕ 平和の碑
Ⓑ 展示資料室　Ⓖ 折りづるの碑
Ⓒ 旧校舎レリーフ　Ⓗ あの子らの丘
Ⓓ 永井坂・永井桜　Ⓘ 平和の鐘
Ⓔ あの子らの碑　Ⓙ 防空壕（跡）

城山国民学校跡（城山小学校）

被爆した校舎を保存した遺構

　城山国民学校は、爆心地から西に約500メートルの場所にあった。被爆により約1,500人の児童のうち1,400人、教職員31人が亡くなった。鉄筋コンクリート3階建ての校舎は倒壊したが、核兵器の惨状を後世に伝える目的で、被爆後教室として使用された一部を修復し、児童たちの発案で「城山小平和祈念館」として保存されている。
　館内は原爆の悲惨さを物語る写真や遺品などが展示され、多くの修学旅行生が訪れている。中庭には、子どもたちが平和を願う「少年平和像」がある。

●被爆当時の城山国民学校
〈米軍撮影／長崎原爆資料館 所蔵〉

●今も残る被爆校舎（MAP Ⓡ）

嘉代子桜

一人娘をしのぶ母が校庭に植えた桜

　林嘉代子さんは、当時長崎県立高等女学校の4年生だったが、学徒動員で城山国民学校で働いていて被爆した。両親は嘉代子さんをさがしまわり、原爆投下から22日目にようやく遺体を発見し火葬した。嘉代子さんの母津恵さんは、桜が好きだった一人娘を偲び桜の木を小学校の校庭に植えた。この木は「嘉代子桜」と名付けられ、平和への願いを語り継いでいる。現在、桜の木の下には碑が建てられている。

●嘉代子桜（MAP Ⓐ）

二股クスとカラスザンショウ

被爆後芽を吹いた木の2世も「二股クス」に

　城山国民学校の周囲に生えていた樹木は、原爆でそのほとんどが消滅したが、爆心地と反対側の校舎裏手の坂（平和坂）の右手にあったクス（楠）の木とカラスザンショウ（烏山椒）は、奇跡的に戦後芽を吹いた。
　坂の入口にあるクスは、原木の両側から2本の2世が芽吹き「二股クス」と呼ばれている。坂の途中にあるカラスザンショウは、現在椋の木に倒れかかっている。被爆でかなり痛んでいるが、強い生命力で生き残り、訪れる人を勇気づけ感動を与えている。

●「二股クス」（MAP Ⓤ）

●「カラスザンショウ」（MAP Ⓣ）

城山国民学校跡（城山小学校）MAP
- Ⓚ 嘉代子桜
- Ⓛ 平和モニュメント
- Ⓜ 平和の鐘
- Ⓝ 原爆殉難者の碑
- Ⓞ 荒川平和桜
- Ⓟ 少年平和像
- Ⓠ 永井坂
- Ⓡ 被爆校舎
- Ⓢ 被爆のクス
- Ⓣ カラスザンショウ
- Ⓤ 二股クス
- Ⓥ 平和坂
- Ⓦ 十五の桜
- Ⓧ 集会所

DATA
城山国民学校跡（城山小学校）
見学時間 9:30～16:30（月～金）
駐車場 なし
🚃 JR長崎駅より〈市内電車〉利用の場合赤迫行（系統番号 1 または 3 ）で、平和公園電停下車徒歩6分
〒852-8021 長崎市城山町23-1
TEL 095-861-0057
URL http://www.nagasaki-city.ed.jp/shiroyama-e/

※一般人の平日の遺構見学はできるが、土日祝は要申し込み。校舎内は立入禁止。学校施設なので迷惑をかけないようにマナーを守ること。修学旅行生の城山小平和祈念館への見学は電話で予約できます。

原爆被災地跡に平和を学ぶ

27

8月9日、被爆遺構にあの日を訪ねて…

※写真は「ぐびろが丘から見た廃墟と化した長崎医科大」〈米軍撮影／長崎原爆資料館 所蔵〉

長崎医科大学跡（長崎大学医学部）

壊滅的な打撃を受けたキャンパス

長崎医科大学は爆心地から東に約600メートルの距離にあったが、建物76棟のうち65棟が木造建築であったため、原爆の爆風で壊滅的な打撃を受け全壊、全焼した。教職員や学生は逃げるいとまもなく建物の下敷きとなり、学長はじめ890名あまりが亡くなった。講堂の焼け跡には、講義中であった教官は教壇に、学生は座席についたままの痛ましい姿で亡くなっていたという。正門から東にあるぐびろが丘には慰霊碑が、中庭には慰霊塔があり、犠牲者の名前を刻んだ石碑が建っている。

DATA
長崎医科大学跡（長崎大学医学部）
見学時間 被爆遺構のみ見学自由
駐車場 なし
🚃 JR長崎駅より〈市内電車〉利用の場合赤迫行（系統番号①または③）で、平和公園電停下車徒歩10分
〒852-8523 長崎市坂本1-12-4
URL http://www.nagasaki-u.ac.jp/
※一般人の遺構見学はできるが、校舎内は立入禁止。教育現場であり学校施設なので迷惑をかけないようにマナーを守ること。

長崎医科大学の門柱

爆風で傾いた黒い石柱に残る原爆の記憶

現医学部の図書館裏には、かつての長崎医科大学と同附属薬学専門部の正門だった二つの門柱がある。医科大学の門柱は、爆風により約10度傾いたままで、前に9センチずれ、原爆のすさまじい威力を物語っている。門柱の側面の石版に「1945年8月9日、よく晴れし日の午前11時2分、世界第二発目の原子爆弾により、一瞬にして、わが師、わが友、850有余が死に果てし、長崎医科大学の正面門柱にて、被爆当時のままの状態を生々しく此処に見る」と書かれている。

●傾いた門柱（MAP ⓒ）

旧配電室

倒壊を免れた戦前のゲストハウスはいま

医学部正門そばの同窓会館裏にある旧配電室の建物は、コンクリートの堅固な造りだったので、倒壊を免れ現在まで残っている。被爆直後の写真を見ると瓦礫の中に配電室の建物だけが残っている。この建物は昭和6年に建てられ、戦前はゲストハウスとして利用されていた。現在は内部を改修し再びゲストハウスとして利用されている。

●被爆した配電室（MAP ⓓ）

ぐびろが丘

重傷者の避難場所となった場所

ポンペ会館の裏手の雑木林を「ぐびろが丘」という。虞美人草(ヒナゲシ)が咲く道だったので「虞美路」から名付けられたという。クスの森の中に坂道が続き、現在、頂上が広場となっている。原爆投下直後は、強い熱線で丘全体の樹木が燃えてしまい、枯れ木のような姿になった。被爆当時、ここは重傷者の避難場所となったが、その多くが水を求めて亡くなった。1947(昭和22)年、この場所に犠牲者のための慰霊碑が建てられた。その台座の裏には、救護活動にあたった永井隆博士の「傷つける友をさがして火の中へとび入りしまま帰らざりけり」という句が刻まれている。

●ぐびろが丘の慰霊塔(MAPⒶ)

水壺を捧げる子供の像

水を求めた亡弟への鎮魂

長崎医科大学附属病院は、長崎医科大学のキャンパスから谷ひとつ越えた南側にあった。当時、病院屋上には赤十字のマークが印されていたが、米軍に無視され8月1日に空襲を受けていた。そのため、病院側は軽度の入院患者を退院させた。そして迎えた8月9日、鉄筋コンクリート3階建ての建物は原爆で一瞬のうちに倒壊した。重傷入院患者と緊急外来患者合わせて約200人が被爆したという。

現在、長崎大学医学部の附属病院前に、出島の扇形を型どった池と、大きな水壺を持って水を落とし続ける子どもの像がある。像の作者・西大由氏(当時東京芸大教授)は、愛の泉を湧き出させ、病める人々に神の恵みをという願いを表現した。作者自身、当時長崎医科大生だった弟を亡くしているが、この像には水を求めながら亡くなった亡弟への鎮魂の意味も込められているのである。

●水壺を捧げる子供の像(MAPⒻ)

●長崎大学医学部附属病院の玄関前にある出島を型どった池(MAPⒻ)

原爆被災地跡に平和を学ぶ

29

8月9日、被爆遺構にあの日を訪ねて…

坂本キャンパス 長崎大学 医学部 MAP

- Ⓐ ぐびろが丘の慰霊塔
- Ⓑ 薬専防空壕跡地の慰霊碑
- Ⓒ 傾いた長崎医科大の門柱
- Ⓓ 被爆した配電室
- Ⓔ 山里浜口町原爆殉難者慰霊碑

坂本キャンパス 長崎大学 医学部附属病院 MAP

- Ⓕ 水壺を捧げる子供の像
- Ⓖ 内科病院棟「醫」の遺構
- Ⓗ 被爆クスの木

●山王神社一の鳥居付近。鳥居の中央奥に小さく二の鳥居（1本柱鳥居）が見える。〈H・J・ピーターソン氏撮影／長崎原爆資料館 所蔵〉

※写真は「山王神社二の鳥居と子供たち」〈津場貞雄氏撮影／アルバム長崎百年 戦中戦後編（長崎文献社発行）より〉

DATA
山王神社
見学時間 自由
駐車場 なし
JR長崎駅より〈市内電車〉利用の場合赤迫行〈系統番号①または③〉で、大学病院電停下車徒歩5分
長崎市坂本町2-6-56
TEL 095-844-1415

●山王神社の大クス

山王神社

建物は全壊、被爆鳥居と大クスが残る

　山王神社は1868（明治元）年の創立。建物は原爆で全壊したが、1950（昭和25）年に再建された。境内には被爆したクスの木が残っている。被爆当時、山王神社の参道には一の鳥居から四の鳥居まであった。一と二の鳥居は爆風に対して平行に立っていたため残り、三、四の鳥居は倒壊した。

　一の鳥居はほぼ完全な状態で残っていたが、1962（昭和37）年に運送会社のトラックが衝突し倒れ、そのまま撤去され現在まで行方が分からないという。

半分が吹き飛んだ一本柱の「二の鳥居」

　被爆した山王神社の二の鳥居は、爆心地から東南に約800メートルの場所にあった。爆風により爆心側の柱が半分吹き飛ばされ、現在、半分だけ一本柱のまま残っている。すさまじい熱線は鳥居の上部を黒く焼き、爆風は笠木をねじ曲げ、柱に刻まれた多くの奉納者の名前も消した。側の石畳の参道には吹き飛んだ笠石や額束が置いてある。

たくましい生命力の「大クス」

　山王神社の境内に2本のクスの木がある。この大きな樹木は、樹齢400年から500年以上といわれている。原爆の強烈な爆風と熱線のため、枝葉が吹き飛び、幹は裂け、木肌が焼かれ、このまま枯れてしまうと思われていたが、たくましい生命力で生き残り新芽を吹いた。

　このことは当時失意の長崎市民を勇気づけ希望を与えたという。まさに被爆の生き証人として今も根を張り続けているのである。

原爆被災地跡に平和を学ぶ

被爆仏像
犠牲者の冥福を祈る姿の仏像

　山王神社から坂本国際墓地に向かう途中に「長崎四国第八十三番霊場」の堂がある。ここには被爆した仏像が修復されて安置してある。当時の写真によると、被爆し倒壊した仏像には、白い前垂れが掛けられていたが、その姿はまるで犠牲者の冥福を祈っているようであったという。

● 写真右上被爆仏像
● 写真左下原子野の被爆仏像〈堂内掲示物より〉

坂本国際墓地
石柱や墓碑などが爆風の被害に

　1888(明治21)年、長崎の居留地に住む外国人のために開設された専用の貸墓地。華やかに彩られた国際交流の歴史の通り、英・米・仏・ポルトガルなど各国人が眠っている。グラバー家・ピナテールの墓の他、永井隆博士の墓が右側入口から正面角にある。爆心地からの距離は約1キロメートルで、原爆による被害で、折れた石柱や十字架、破損したり傾いたりした墓碑などが残っている。
　現在、坂本国際墓地は長崎市の所有で、清掃管理が市によっておこなわれ、観光客も訪れている。

● 坂本国際墓地

聖徳寺下の原爆柳
あの日の惨状を見ていた柳の木

　銭座町聖徳寺下の井樋の口三叉路角に1本の柳の木がある。原爆にも負けず青い芽を吹き人々を勇気づけたが、1984(昭和59)年に枯れ、現在の柳は新たに植樹された。
　原爆投下当日の午後、この地点に大村海軍病院派遣の特別医療救助隊の第一陣が到着したが、爆心地一帯が炎上中でこれ以上進めず、やむなくここで重傷の被爆者の応急治療を行った。翌日、井樋の口交番所に長崎県現地救護本部が置かれ、警察、消防団、救援隊、軍隊などにより死体の収容が始まったが、その作業は凄惨を極めた。この日からいたるところで野外火葬が行われた。
　初代の柳の木は悲惨な原爆の実態をつぶさに見続け、戦後の復興を見届けるように枯れていったのである。

● 聖徳寺下の原爆柳

8月9日、被爆遺構にあの日を訪ねて…

原爆投下による植物への影響　～70年不毛説流れる～

　原子爆弾の爆風で、爆心地周辺のほとんどの樹木がなぎ倒され、熱線で焼きつくされた惨状から、市民の間にまことしやかに流れた風説があった。それは「被爆地には以後70年間、草も木も生えない」というものだった。しかし、噂を吹き飛ばすかのように、1ヵ月後には30種類の植物の芽が吹いた。爆心地から1キロメートル以内で生き残ったクス、カラスザンショウ、柿、カシなど樹木は次々に新芽を吹いた。クス、ヤナギ、イチョウなどの広葉樹の生命力はたくましく、スギ、マツなどの針葉樹は枯れやすかった。この70年不毛説をくつがえす植物の再生は、戦後の復興をめざす多くの長崎市民を勇気づける話題の一つであった。

※写真は被爆によって焼かれたが再生したクスの木〈県立長崎西高校(瓊浦中学校跡)正門の坂の土手〉

平和を祈り見つめる創作

一通り被爆遺構や記念碑を巡り終えたら、被爆体験や平和を願う表現活動に目を向けてほしい。例えば、自身の被爆体験を文学として表現する作家たち。人類の愚かな行為を告発し、悲惨な体験を次世代に語り継ぐ人々である。

● 写真上左「松尾あつゆき／あつゆき句碑」
● 写真上右「松尾あつゆき／原爆句抄碑」
● 写真下左「福田須磨子石碑」
● 写真下右「田中千禾夫文学碑」

● 『祭りの場』（講談社）（初版本）

林 京子（はやし きょうこ）

小説『祭りの場』

林京子は、1930（昭和5）年、長崎市に生まれた。父の転勤で上海市に居住し、上海居留団立第一高女2年のときに県立長崎高等女学校に転校。同校3年生時、勤労動員先の三菱長崎兵器製作所大橋工場で被爆したが、奇跡的に助かった。その後、長崎医大付属厚生女学部専科を中退し、上京した。この地獄のような被爆体験を描写したのが『祭りの場』。作品は1975（昭和50）年の群像新人賞と第73回芥川賞を受賞した。旺盛な創作活動の成果に『長い時間をかけた人間の経験』（野間文芸賞受賞）『やすらかに今はねむり給え』（谷崎潤一郎賞受賞）『上海』（女流文学賞受賞）『三界の家』『瞬間の記憶』など多くの作品がある。

● 『明日』（集英社）
● 『地の群れ』（河出文藝選書）

井上 光晴（いのうえ みつはる）

小説『明日』『地の群れ』

井上光晴は、1926（大正15）年、中国東北部旅順に生まれた。両親と生き別れ、祖母や妹と佐賀県伊万里市に引き揚げ、7歳のときに佐世保に移り住む。戦後、日本の社会問題を告発する旺盛な執筆活動を続け、1977（昭和52）年、佐世保市に文学伝習所を開講した。『明日』は、原爆投下直前の爆心地周辺に住む普通の人々の生活と運命を描写した小説である。人類の明日の運命を問う原爆文学の名作といわれている。1982（昭和57）年5月に発表され、のちに映画化された。その他、原爆を扱った小説に『地の群れ』などがある。1992（平成4）年死去。

松尾 あつゆき（まつお　あつゆき）

『原爆句抄』

松尾あつゆきは、1904（明治37）年生まれ。学生時代から自由律俳句の荻原井泉水に師事し俳句を学んだ。長崎商業の教師で自由律俳人となり、爆心地から500メートル圏内の城山町に住んでいた。松尾は被爆当日、約3.8キロメートル離れた場所にいて助かったが、妻子4人を失い、家族を火葬しながら『原爆日記』を書いた。終戦後、長野へ教員として転任。定年後に再び長崎に戻り、1972（昭和47）年、原爆病院入院中に『原爆句抄』をまとめて刊行した。1983（昭和58）年死去。

●『原爆句抄』（文化評論出版）

福田 須磨子（ふくだ　すまこ）

詩集『われなお生きてあり』『原子野』

福田須磨子は、1922（大正11）年、長崎市に生まれた。県立長崎高等女学校卒業後、師範学校で事務をしていたが、自らも被爆し父母と長姉をなくした。戦後職を転々としたが、昭和30年に紅斑病を発病し、入退院を繰り返す。被爆後20年の体験をつづった詩集『われなお生きてあり』を1965（昭和40）年に出版し、第9回田村俊子賞を受賞した。1975（昭和50）年、県立女学校の同窓生により詩碑が建てられ、詩集『原子野』の中の「生命を愛しむ」の詩が刻まれている。1974（昭和50）年死去。

●『われなお生きてあり』（筑摩書房）

山田 かん（やまだ　かん）

評論集『長崎原爆・論集』

山田かんは、1930（昭和5）年、長崎市に生まれた。旧制長崎中学3年で被爆。戦後は42年間長崎県立図書館に勤務し、詩作をはじめ多くの詩誌を創刊した。1958（昭和33）年、『鯨と馬』で現代詩新人賞受賞。原爆を題材にしたエッセー集『記憶の固執』を1969（昭和44）年、『ナガサキ・腐食する暦日の底で』を1971（昭和46）年に発表し、原爆の不条理を告発し続けた。2001（平成13）年には、原爆文学作品の評論をまとめた『長崎原爆・論集』を刊行している。2003（平成15）年死去。

●『長崎原爆・論集』（本多企画）

田中 千禾夫（たなか　ちかお）

『マリアの首』

田中千禾夫は、1905（明治38）年、長崎市に生まれた。慶応義塾大学仏文科卒業後、劇作家・演出家として活躍した。多数の戯曲を残し、『マリアの首』で岸田演劇賞、『教育』で読売文学賞を受賞した。『マリアの首』は被爆直後の長崎を舞台として、被爆したマリア像を守ることで人生の意味を見出し、生き抜こうとする人々を描いている。浦上天主堂に文学碑が建てられ、碑文には『マリアの首』の一節が刻まれている。

●『マリアの首』（日本の原爆文学【12】戯曲／ほるぷ出版）

北村 西望（きたむら せいぼう）

「平和祈念像」の作者と長崎の料亭「青柳」

北村西望は、1884（明治17）年、長崎県南高来郡南有馬村に生まれた。京都市立美術工芸学校、東京美術学校を首席で卒業し、彫刻家となる。国会議事堂内の「板垣退助翁」像や「平和祈念像」の制作者として知られている。平和祈念像は長崎市が被爆10周年の記念行事として募金を呼びかけ、4年の歳月をかけ1955（昭和30）年に完成した。北村西望は、長崎丸山町の料亭「青柳」を常宿とした。青柳は旅館ではなかったが西望だけは特別待遇であったという。西望が泊まっていた部屋には、現在、ゆかりの品々や平和祈念像の試作品（実物大の20分の1）が置かれている。1987（昭和62）年死去。

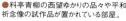
●料亭青柳の西望ゆかりの品々や平和祈念像の試作品が置かれている部屋。

平和への新たな波動

葉 祥明（よう しょうめい）
被爆の実相を世界へ伝えたい

原爆絵本『あの夏の日』（自由国民社刊）

●『あの夏の日』（自由国民社）

長崎市が世代や言葉を超えて被爆の実相を伝えようと絵本を企画した。絵本作家の葉祥明氏に絵と文を依頼し、長崎市が英語訳をつけて、2000（平成12）年に出版された。原爆が落とされる前の長崎の風景と投下後の一変した様子などが描かれている。この絵本は「海外に被爆を伝える上で格好の材料」などと評価され、第6回平和・協同ジャーナリスト基金賞奨励賞を受賞している。

作者の葉祥明は、1946（昭和21）年熊本生まれ。対人地雷撲滅を訴えた絵本『地雷ではなく花をくださ

●「あの夏の日原画パネル」（葉 祥明美術館 所蔵）

い』の挿絵を担当し、各地で反響を呼び、1997（平成9）年に日本絵本賞読者賞を受賞した。

故永井隆博士の精神を引き継ぐ

「永井隆平和記念・長崎賞」の創設

　この賞は、故永井隆博士の精神を引き継ぐ目的で、被爆50周年の1995(平成7)年に創設された。原子爆弾による被爆者と放射線被曝事故等による被災者に対する治療及び調査・研究等の分野で、ヒバクシャ医療の向上・発展、ヒバクシャの福祉の向上を通じ世界平和に貢献し、将来にわたる活躍が期待される国内外の個人または団体に隔年毎に贈られている。

　主催は長崎・ヒバクシャ医療国際協力会(NASHIM)。
http://www.nashim.org/heiwa/index.html

[第1回受賞]秋月 辰一郎氏
[第2回受賞]サイム・バルムハノフ氏
[第3回受賞]ヨハネス・ヤコブ・ブローセ氏
[第4回受賞]デミチュック・エヴゲニィ氏
[第4回受賞]鎌田 七男氏
[第5回受賞]日本チェルノブイリ連帯基金
　　　　　(理事長/鎌田 實氏)
[第6回受賞]市丸道人氏 横路謙次郎氏
[第7回受賞]アナトリィ・ツィーブ氏

●「永井隆平和記念・長崎賞」第5回授賞式風景
〈写真提供 長崎・ヒバクシャ医療国際協力会〉

●「永井隆平和記念・長崎賞」
　正賞(賞状および賞牌)

高校生パワーが世界を変える

『高校生1万人署名活動』(長崎新聞新書)

　1998(平成10)年、インド、パキスタンで核実験が行われたのを契機に、長崎市民の募金により「高校生平和大使」が国連に派遣された。その中から生まれたのが高校生1万人署名活動。被爆地長崎から平和への願いを託した署名を国連へ届けようと、2001年、高校生みずからの手で実行委員会を立ち上げ運営管理している。活動内容も年々多岐にわたり、国際的な広がりをみせている。この活動に参加した高校生の手記と活動の軌跡をまとめたのが本書である。
http://2style.jp/peace10000/top.html

●『高校生1万人署名活動』(長崎新聞新書)

写真集

決定版 長崎原爆写真集

●『小松健一、新藤健一 編』
(勉誠出版)

ながさき原爆の記録

●『ながさき原爆の記録』
(長崎市〈原爆資料館〉)

原爆被爆記録写真集

●『原爆被爆記録写真集』
(〈財〉長崎平和推進協会〈ピース・ウイング長崎〉)

原爆被災地跡に平和を学ぶ

35

平和を祈り見つめる創作

長崎市のホームページの中にある
平和・原爆に関するサイト一覧

- ●長崎市の平和・原爆
  http://www1.city.nagasaki.nagasaki.jp/peace/
- ●長崎市の平和・原爆（英語版）
  http://www1.city.nagasaki.nagasaki.jp/peace/index_e.html
- ●長崎平和宣言
  http://www1.city.nagasaki.nagasaki.jp/peace/japanese/appeal/
- ●長崎原爆資料館
  http://www1.city.nagasaki.nagasaki.jp/peace/japanese/abm/

長崎市のホームページの中にある
平和・原爆に関連リンク集

http://www1.city.nagasaki.nagasaki.jp/abm/link.html
- ●ヒロシマピースサイト
- ●（財）長崎平和推進協会
- ●日本非核宣言自治体協議会
- ●ながさき観光ガイド
- ●ナガサキ学生平和ボランティア
- ●永井隆博士の軌跡
- ●核兵器廃絶地球市民集会ナガサキ
- ●長崎ジャーニー（英語）
- ●The Day after the Nagasaki Bombing（JPM Photogallery）
- ●長崎市ホームページ
- ●国立長崎原爆死没者追悼平和祈念館
- ●国立広島原爆死没者追悼平和祈念館
- ●平和への取り組み（長崎市立淵中学校）
- ●発信「平和は城山から」（長崎市立城山小学校）
- ●NO MORE NAGASAKI 8.9（NBC長崎放送）
- ●平和インタラクディブ（毎日新聞）
- ●長崎の原子爆弾被害に関する科学的データ（長崎大学）

参考文献一覧

- ■被爆建造物等の記録（長崎市）
- ■長崎原爆資料館ガイドブック（長崎市）
- ■ながさき原爆の記録（長崎市）
- ■原爆被爆記録写真集（長崎市）
- ■長崎原爆資料館ハンドブック（長崎原爆資料館）
- ■資料館見学・被爆地めぐり「平和学習」の手引書
  （ピース・ウイング長崎〈財〉長崎平和推進協会）
- ■浦上天主堂写真集（カトリック浦上教会）
- ■長崎事典 風俗文化編（長崎文献社）
- ■アルバム長崎百年 戦中戦後編（長崎文献社）
- ■テレメンタリー2003 シリーズ
  「『原爆』58年目の真実」「リメンバー ナガサキ」「私は原爆を伝えたかった」
  （制作／NCC長崎文化放送）

※写真は「立ち上がるきのこ雲」（米軍撮影／長崎原爆資料館 所蔵）

長崎 石の記憶
セピア色のメッセージ
イタリア人写真家が撮った今日の残映

撮影／マッシモ・ベルサーニ
（2003年〜2004年）

原爆落下中心地公園に残る浦上天主堂の遺構

原爆被災地跡に平和を学ぶ

37

平和を祈り見つめる創作

長崎游学マップ ❶

38

Nagasaki Heritage Guide Map

原爆落下中心地公園横を流れる下の川

原爆落下中心地標柱

平和の泉

■マッシモ・ベルサーニ
1957年イタリア、ピアチェンツアに生まれる。20年を超える写真家としての実績を持ち、Kodak、Agtaをはじめとする数々の重要なコンクールで受賞する。彼の作品は奥深い。夫人は長崎市出身のオペラ歌手・豊島文さん。（イタリア在住）

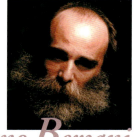

Massimo Bersani

原爆被災地跡に平和を学ぶ

39 平和を祈り見つめる創作

平和祈念像前広場で

取材協力

- 長崎原爆資料館
- 長崎市平和推進室
- 国立長崎原爆死没者追悼平和祈念館
- 浦上天主堂
- 長崎市永井隆記念館
- 長崎大学
- 山里小学校
- 城山小学校
- 料亭 青柳
- 長崎・ヒバクシャ医療国際協力会（NASHIM）
- 長崎新聞社
- NCC長崎文化放送

Nagasaki Heritage Guide Map

長崎游学マップ❶

原爆被災地跡に平和を学ぶ

発行日	2004年8月9日　初版　　2009年5月11日　第2版　　2010年6月30日　第3版 2011年12月20日　第4版　2014年4月10日　第5版　　2019年9月20日　第6版 2021年11月5日　第7版
発行人	片山 仁志
編集人	堀 憲昭
発行所	株式会社 長崎文献社 〒850-0057長崎市大黒町3-1-5F TEL.095-823-5247　FAX.095-823-5252 ホームページ https://www.e-bunken.com
企画	株式会社 長崎文献社
構成・文	小川内清孝
デザイン	ミート・デザイン工房
表紙イラスト	マルモトイヅミ
印刷	株式会社 インテックス

©2004 Nagasaki Bunkensha, Printed in Japan
ISBN 978-4-88851-322-7 C0021
◇禁無断転載・複写
◇定価はカバーに表示してあります。
◇落丁・乱丁本は発行所宛お送りください。送料小社負担にてお取り替えいたします。

まだ見たことのない特別な長崎に逢える場所。

長崎を箱庭のように眺めることができる絶好のロケーションに佇むガーデンテラス長崎ホテル&リゾート。
オーシャンビューのゲストルームから外を眺めると、世界新三大夜景である長崎の煌めく街の明かりが海面に映り込む幻想的な風景が広がる。また、豊かな自然と温暖な気候に恵まれた四季折々の旬を楽しめる「食の宝庫」長崎ならではの山海の幸を使った料理を、施設内にあるテーマの異なった4つのレストランで味わい尽くす。
ゆったりとした時が流れる、「ここにしかない極上の長崎」をご体感ください。

GARDEN TERRACE NAGASAKI
HOTELS & RESORTS
ガーデンテラス長崎ホテル&リゾート
〒850-0064 長崎県長崎市秋月町2-3 TEL.095-864-7777

メモリードグループのリゾートホテル (九 州)

長崎ロイヤルチェスターホテル
長崎県長崎市

長崎あぐりの丘高原ホテル
長崎県長崎市

ホテルフラッグス諫早
長崎県諫早市

ヴィラテラス大村ホテル&リゾート
長崎県大村市

ホテルフラッグス九十九島
長崎県佐世保市

九十九島シーサイドテラス ホテル&スパ花みずき
長崎県佐世保市

五島コンカナ王国ワイナリー&リゾート
長崎県五島市

雲仙湯守の宿 湯元ホテル
長崎県雲仙市

武雄温泉 森のリゾートホテル
佐賀県武雄市

ガーデンテラス佐賀ホテル&マリトピア
佐賀県佐賀市

ガーデンテラス福岡ホテル&リゾート
福岡県福岡市

ガーデンテラス宮崎ホテル&リゾート
宮崎県宮崎市

http://www.memolead.co.jp

総合本部　長崎県西彼杵郡長与町高田郷1785-10　TEL.095-857-1777

株式会社メモリード[九州]
本社　長崎県長崎市稲佐町2-2　095-857-1777
福岡事業部　福岡県福岡市中央区警固3-1-7　092-737-7000
佐賀事業部　佐賀県佐賀市天神1-1-24　0952-97-8883

株式会社メモリード[関東]
本社　群馬県前橋市大和町1-3-14　027-255-1777
埼玉事業本部　埼玉県川越市広栄町11-9　049-241-0969
メモリード東京　東京都世田谷区桜2-4-27　03-3749-1246

うなぎ料理
卓袱料理
会席料理

料亭 青柳

長崎丸山
電代 (823) 二二八

青柳ホームページ　http://www.maruyama-aoyagi.jp/

おいしい笑顔、長崎から。

長崎ちゃんぽん調理例

長崎のお土産に みろくやの 長崎ちゃんぽん・皿うどん

長崎の街で生まれ育った、みろくやの「長崎ちゃんぽん・皿うどん」。みろくやは、長崎のおいしさを気軽に楽しんでいただくために独自の製法を重ねました。そして何よりも、長崎の「おもやい」の心を込めています。「おもやい」とは、長崎の方言で共に分け合うこと、共有すること。また、ひとつの皿をみんなで仲良く食べ合うという「もやい箸」という言葉もあり、長崎の良き食文化を表すものです。長崎の思い出と共におもやいの心を込めて、みろくやの「長崎ちゃんぽん・皿うどん」をお土産にご利用ください。

みろくやの商品には、写真入りでとても解りやすい「おいしい作り方」が付いていますので、初めて作られる方へも安心してお贈りください。

みろくや浜町店・夢彩都店・長崎空港店でお買い求めいただけます。

● 浜 町 店／TEL.095-828-3698　●夢彩都店／TEL.095-821-3698
● 長崎空港店／TEL.0957-54-3698
その他、百貨店、ホテルニュー長崎内売店、アミュプラザ、土産品店でもお買い求めいただけます。

みろくや
NAGASAKI MIROKUYA

みろくや　検索　http://www.mirokuya.co.jp

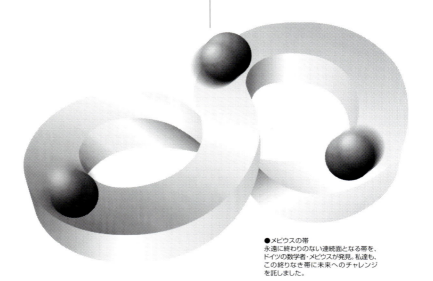

"技術"でつなぐ
情報の系譜。

●メビウスの帯
永遠に終わりのない連続面となる帯を、
ドイツの数学者・メビウスが発見。私達も、
この終りなき帯に未来へのチャレンジ
を託しました。

ADACHI アダチ産業株式会社

電機・建設・資材・TOP24時間駐車場

本　　社　（〒850-0035）長崎市元船町11-18
　　　　　　TEL(095)821-7611〈代〉　FAX(095) 820-6191
福岡支店　（〒812-0004）福岡市博多区榎田1-3-62 三菱重工福岡ビル
　　　　　　TEL(092)482-0313　FAX(092) 482-0323

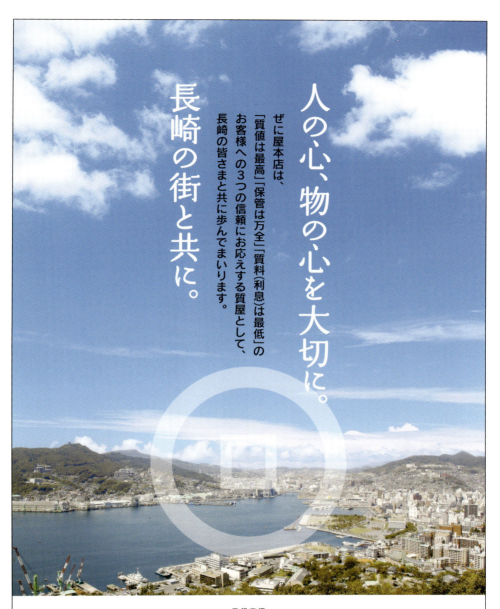

人の心、物の心を大切に。

ぜに屋本店は、「質値は最高」「保管は万全」「質料(利息)は最低」の3つの信頼にお応えする質屋として、お客様への長崎の皆さまと共に歩んでまいります。

長崎の街と共に。

登録商標
長崎駅前
質庫 ぜに屋本店

長崎市大黒町3-15〈駐車場完備〉
☎ 代表095(822)1111

http://www.zeniyahonten.co.jp

中国悠久の歴史に 長崎仕込みの伝統を重ねて 代々極めた中華料理

宝来軒別館

〒852-8117 長崎市平野町5番23号
(長崎原爆資料館そば)

営業時間 (昼の部) 11:30〜15:00
(夜の部) 17:00〜21:00 〈オーダーストップ20:30〉

●ご予約・お問い合せは
TEL.095-846-2277
FAX.095-845-0625

長崎奉行より宮中および将軍家への献上品であった。
天下の珍味中の珍味
長崎名産三百二十有余年の
伝統 御䱊子(からすみ)

高野屋9代目 高野作重　明治末頃

長崎半島野母・五島列島に水揚げされる鯔（ぼら）を厳選した老舗の味を一子相伝で守り続けております。

長崎と共にからすみ一筋に320有余年

〒850-0877　長崎市築町1番16号
　　　　　　（県庁坂通り）
☎ (095) 822-6554
FAX (095) 827-8148
0120 フリーダイヤル 0120-556607

社会基盤を支え 安心・安全に暮らせる 地域に貢献。

扇精光コンサルタンツでは
道路整備や河川・ダムの建設、都市計画
農業土木、公園関係など社会基盤づくりの
基礎となる測量・設計・補償や環境調査など
中心に事業を展開。
インフラ整備の"縁の下の力持ち"として
常に向上心を持って挑戦し続けています。

社会的生産基盤の整備を行う上で

最先端技術を活用し

最適な手法・技法をご提案します

◎ 建設コンサルタント業務
◎ 測量業務
◎ 補償コンサルタント業務
◎ 調査業務
◎ 一級建築士事務所
◎ 文化財調査業務

 扇精光コンサルタンツ株式会社
http://www.ougis.co.jp/ougis_infra/

得意分野を活かし さらなるIT技術の 飛躍をめざして。

扇精光ソリューションズでは
情報システム機器、測量機の販売、
システム開発、運用・保守のサービスを
ご提供し、時代のニーズに合った
新しい技術やアイデアを
お客様にご提案いたします。

共通の目的を達成するため

IT技術を核とした

問題解決をご提案します

◎情報システム機器及び周辺機器の販売・保守
◎情報システム設計及びソフトウェア開発・
　運用支援
◎測量機器・計測機器・気象観測機器の販売・
　保守・点検・検定
◎GIS（地図情報システム）開発・販売